Reise
in die
Tiefsee

Linda Pitkin

Aus dem Englischen
von Cäcilie Plieninger

BELTZ
& Gelberg

BELTZ
& Gelberg

Titel der englischen Originalausgabe
JOURNEY UNDER THE SEA

© Linda Pitkin 2003 (Text und Fotografien)
This translation of
JOURNEY UNDER THE SEA,
originally published in English in 2003, is published
by arrangement with Oxford University Press, Oxford.
Diese Übersetzung von
JOURNEY UNDER THE SEA,
erstmals auf Englisch 2003 erschienen, wurde im
Einverständnis mit Oxford University Press verlegt.

www.beltz.de
Alle Rechte der deutschsprachigen Ausgabe
© 2003 Beltz Verlag, Weinheim, Basel, Berlin
Programm Beltz & Gelberg, Weinheim
Einbandgestaltung: Max Bartholl
Satz: MediaPartner Satz und Repro GmbH, Hemsbach
Printed in Hong Kong
ISBN 3-407-75333-0
1 2 3 4 5   07 06 05 04 03

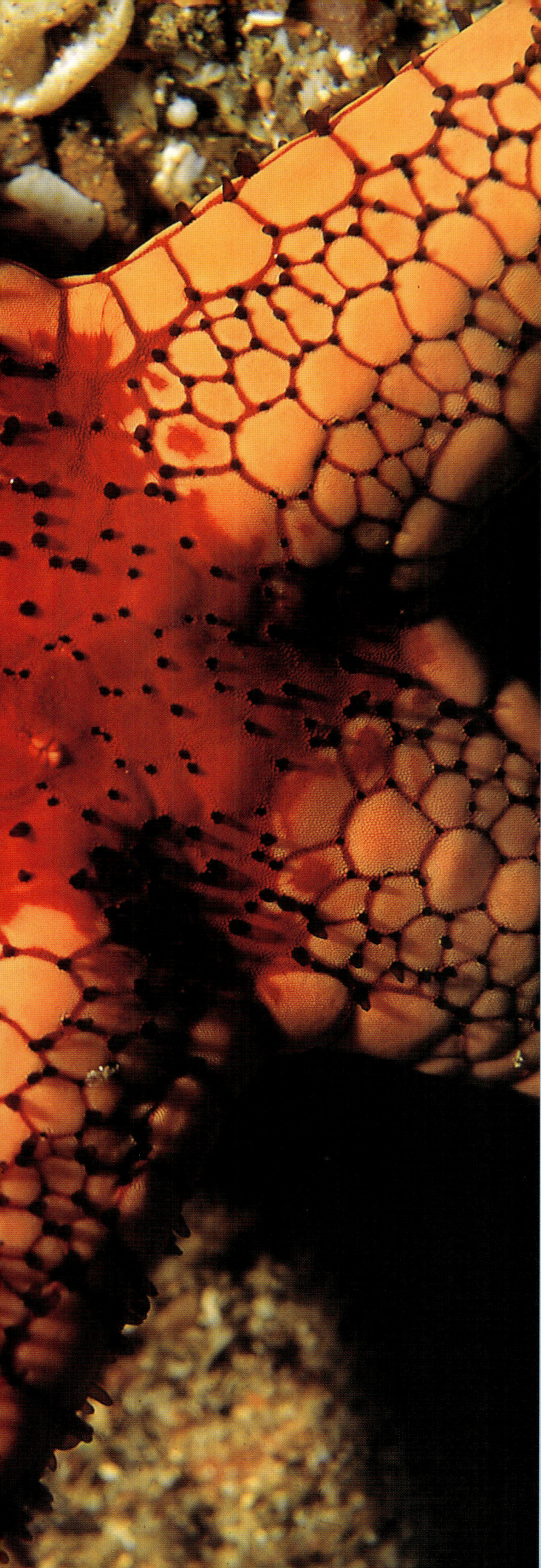

Inhalt

Atmen
unter Wasser

D ie Meere sind ein wichtiger und ge-
heimnisvoller Teil der Erde. Fast drei
Viertel der Erdoberfläche sind von Meer-
wasser bedeckt, dennoch sind die Ozeane
weitgehend unerforscht. Sie sind von einer
großen Vielfalt an Organismen bevölkert,
von mikroskopisch kleinen Pflanzen bis
zum größten Tier aller Zeiten, dem Blauwal.
Unzählige Tiere und Pflanzen sind im kalten
oder warmen Wasser und in unterschiedlichen
Tiefen beheimatet. Stelle dir einmal vor, was
für ein seltsames Leben diese Geschöpfe
führen müssen, völlig von Wasser umgeben
statt von Luft!

Wir haben den Großteil des Festlands er-
forscht und sogar damit begonnen, den Welt-
raum zu erkunden. Doch die meisten von
uns, selbst wenn sie schon einmal mit einem
Schiff gereist sind, wissen sehr wenig
darüber, was sich unter der Wasseroberfläche abspielt. Es ist Zeit, dass
wir uns intensiv mit den Ozeanen
beschäftigen.

Ein Tauchanzug hält
den Körper warm,
denn selbst in tro-
pischen Meeren
kühlt der Körper
unter Wasser ab.

Der schwere Gürtel ist mit
Bleigewichten versehen, um
dem Auftrieb des Tauch-
anzugs entgegenzuwirken.

Der Auftriebskompen-
sator ist eine Weste,
die mit Luft gefüllt oder
aus der Luft abgelassen
werden kann, um den
Auftrieb im Wasser zu
regulieren.

In die Unterwasserwelt einzutauchen, ist ein tolles Abenteuer, aber es gibt da ein Problem. Wir können dort nicht atmen. Meerestiere können mit Kiemen oder anderen Teilen ihrer Körperoberfläche lebenswichtigen Sauerstoff aus dem Wasser aufnehmen. Wir Menschen aber müssen einen Luftvorrat mitnehmen. Ohne die richtige Vorbereitung kann Tauchen sehr gefährlich sein. Wer tauchen will, muss körperlich fit sein, gut schwimmen können, Tauchstunden absolviert und viel Übung haben.

Wir müssen lernen, Atemgeräte zu benutzen: Schnorchel und Scuba. Ein Schnorchel ist eine Art Röhre mit Mundstück, durch das man unter der Wasseroberfläche atmen kann, ohne den Kopf aus dem Wasser zu strecken. Die Scuba-Ausrüstung ist komplizierter. Die wichtigsten Bestandteile sind die Druckluftflasche, die zusammengepresste Luft enthält, und der Atemregler, der den Druck der Atemluft an den Druck des umgebenden Wassers angleicht. Es erfordert Übung, um mit diesen Geräten sicher umgehen zu können.

Die Druckluftflasche enthält gepresste Luft.

Flossen erleichtern das Schwimmen.

Ein Schnorchel ist eine einfache Atemröhre.

Eine Tauchmaske sollte dicht sein.

Der Atemregler gleicht den Luftdruck aus und hat ein Mundstück zum Atmen.

Mit dem Auftriebskompensator kann der Taucher seinen Auftrieb im Wasser steuern.

Wassertiefe und Zeit können entweder mit einem Tauchcomputer gemessen werden oder mit Tiefenmesser und Taucheruhr.

Schnorcheln und Tauchen mit der Druckluftflasche haben jeweils Vor- und Nachteile. Zum Schnorcheln benötigt man keine sperrige, schwere Ausrüstung, doch mit der Druckluftflasche können wir viel länger unter Wasser bleiben. Wir dringen in eine fremde Welt ein. Viele Stunden werden wir in der Nähe der Fische verweilen. Wir werden mit ihnen herumschwimmen und uns vielleicht bald selbst wie Fische fühlen!

Unsere *Route*

Für eine Reise ins Meer eignen sich am besten sichere, stille, saubere und warme Gewässer, in denen es von Lebewesen wimmelt. In den Tropen gibt es so viele ideale Orte, dass es schwer ist, sich für einen zu entscheiden. Wir haben gehört, dass vor allem Indonesien eine faszinierende Wasserwelt besitzt. Deshalb fliegen wir dorthin.

Unsere Expedition beginnt mit einem langen Flug. Jede Flugstunde bringt uns den tropischen Inseln Indonesiens näher. Endlich erreichen wir unser Reiseziel. Wir steigen aus dem Flugzeug und werden von hellem Sonnenlicht geblendet. Ein Schwall heißer, feuchter Luft schlägt uns entgegen. Nur keine Eile. Lieber alles langsam angehen, zunächst ist alles sehr anstrengend. Auf dem Flugplatz ist es sehr laut, überall drängen sich Einheimische und Touristen. Mit großer Erleichterung klettern wir auf den Rücksitz eines wartenden Jeeps. Bald werden wir die Küste erreichen, wo sich unter der Wasseroberfläche einige der schönsten Korallenriffe der Welt befinden. Dort beginnt unser eigentliches Abenteuer.

Zwergseepferdchen-Riff

Seeanemonen-Kolonie

Schlamm-tauchplatz

Bucht

Flacher Korallengarten

Bootssteg

Tauchzentrum

Riesenmantas

Kleine Insel

Eiablageplatz der
Meeresschildkröten

Riff um die
Insel

Winzige Insel

Steile Riffkante

Nachttauchplatz

Korallenriffe

Seegraswiese

7

Ankunft
an der Küste

Die Straße schlängelt sich an Dörfern und Farmen vorbei. Schließlich geht sie in einen schmalen, kurvigen Weg über, der zu einem kleinen, in einer ruhigen Bucht gelegenen Küstendorf führt. Der Jeep biegt um die letzte Kurve und plötzlich erhaschen wir durch eine Lücke zwischen den Bäumen einen ersten Blick aufs Meer! Die ruhige, türkisfarbene See sieht sehr einladend aus. Welche Geheimnisse mögen dort verborgen liegen?

◄ Das Flugzeug überfliegt auf dem Weg zum Zielort mehrere Inseln.

Wir steigen aus und lassen Eindrücke, Geräusche und Düfte auf uns wirken. Beim Umherlaufen wird uns klar, wie wichtig das Meer für die hier lebenden Menschen ist. Kleine Fischerboote liegen am Ufer, bereit für den nächtlichen Fischfang. Auf behelfsmäßigen Ständen ist auf dem Fischmarkt der Fang der letzten Nacht ausgebreitet. Es gibt dort alle möglichen Arten von Fischen, aber keiner sieht auch nur annähernd so aus wie die Fische aus unseren heimischen Fischläden.

Kinder springen von einem Bootssteg aus ins Meer. Sie lachen und bespritzen sich gegenseitig mit Wasser. Es macht Spaß, ihnen zuzusehen, aber wir haben jetzt keine Zeit dafür. Als Erstes müssen wir ein Tauchzentrum mit einem guten Führer ausfindig machen. Wir fragen einige Leute, die uns eines am anderen Ende des Sandstrandes empfehlen. Die Sonne brennt vom Himmel, doch Kokospalmen spenden angenehmen Schatten. Schon nach einem kurzen Fußweg erreichen wir das Tauchzentrum.

◀ Das Tauchzentrum in der Bucht ist der Ausgangspunkt für unsere Entdeckungsreisen unter Wasser.

Zwischen den Palmen stehen mehrere auf kurzen Pfählen erbaute Holzhütten. Im größten Gebäude ist das Tauchzentrum. Kleinere Hütten dienen als Schlafplätze. Es scheint ein idealer Ausgangspunkt für unser Tauchabenteuer zu sein. Ein Boot mit Tauchern kehrt gerade zur Küste zurück. Sie springen vom Boot, laufen zum Strand und unterhalten sich ganz aufgeregt über ihre Taucherlebnisse. Ihr Tauchführer Dedi ist bei ihnen. Wir begrüßen ihn. Dedi hört sich unsere Pläne an und erklärt sich bereit, uns zum Tauchen mitzunehmen. Zuerst müssen wir ihm unsere Tauchscheine zeigen. Dann teilt er uns mit, dass wir uns beide der Kleingruppe anschließen können, die am nächsten Tag mit dem Boot hinausfahren wird. Wir können es kaum erwarten, ins Wasser zu kommen. Deshalb schlägt Dedi uns vor, am Nachmittag am Bootssteg zu schnorcheln.

▼ Das Boot besitzt, ebenso wie die lokalen Fischerboote, auf beiden Seiten einen Ausleger, damit es nicht kentert.

9

Auf ins
Wasser

Schnorcheln ist eine tolle Möglichkeit, das flache Wasser zu erkunden. Wir können dabei auf den Meeresboden hinunterblicken oder wir können einmal einatmen und kurze Tauchgänge unternehmen. Dedis Assistent wird uns Lebewesen zeigen, die um den Bootssteg herum beheimatet sind, und er weist uns darauf hin, dass wir nichts anfassen sollen. Einige Lebewesen könnten giftig sein, aber wenn wir sie nur anschauen, wird uns nichts passieren.

Wir sind am Ufer und legen Tauchmaske und Schnorchel an. Im Meer ziehen wir Flossen an und schwimmen los. Unter dem Bootssteg ist es ziemlich dunkel, doch in der Nähe der Stegkante dringen Lichtstrahlen ins Wasser vor. Weiter draußen erkennen wir ein Stück sandigen Meeresboden. Wir sehen dutzende von Fischen herumschwimmen. Sie scheinen größer und näher zu sein als in Wirklichkeit.

◀ Der Kurzflossen-Zwergfeuerfisch sieht prächtig aus, aber er ist giftig. Also nicht berühren!

◀ Die Katfische schwimmen schneller davon als der Rotfeuerfisch, aber auch sie sind giftig.

Als wir in Richtung der Fische tauchen, flitzen sie erschreckt davon. Sie haben stromlinienförmige Körper und Flossen. Nicht alle Tiere schwimmen auf diese Weise und viele verharren regungslos auf dem Meeresboden oder bewegen sich dort umher. Bei jedem Tauchgang erregt etwas Neues unsere Aufmerksamkeit. Immer wenn wir endlich nahe genug herangekommen sind, um uns die Fische genauer anzusehen, müssen wir jedoch schon wieder auftauchen und Luft holen. Sogar die Pfähle des Landestegs sind mit Schwämmen und Korallen bewachsen. Diese Organismen bieten auch anderen Lebewesen eine Heimat. Dedis Assistent macht uns auf einen bizarr aussehenden Rotfeuerfisch und einen Froschfisch aufmerksam.

Der Nachmittag ist schnell vergangen! Wir machen uns auf den Weg zu unserer Hütte. Nachts träumen wir von der herrlichen Unterwasserwelt.

▲ Die Wasseroberfläche über uns erscheint uns wie eine Grenze zwischen zwei Welten.

▶ Dieser Froschfisch hat an einem von Schwämmen bewachsenen Stegpfahl einen idealen Unterschlupf gefunden.

Eine Wiese
unter dem Meer

Am nächsten Morgen helfen wir Dedi, Schnorchel- und Tauchausrüstung ins Boot zu laden, und fahren einige Kilometer die Küste entlang zu einer flachen Seegraswiese. Dort ist eine erstaunliche Anzahl von Fischen und anderen Tieren anzutreffen. Einige verbringen ihr ganzes Leben dort, andere bleiben nur so lange, bis sie groß genug sind, um sich ins offene Riff hinauszuwagen.

◄ Der Blaue Seestern ernährt sich mit Hilfe der Mundöffnung an seiner Unterseite.

Dedi springt ins Wasser, und wir folgen ihm zu etwas, das wie eine Wiese unter Wasser aussieht. Es ist eine! Seegräser sind richtige Gräser wie die auf einem Rasen, außer dass sie in flachen, sonnenbeschienenen Gewässern wachsen. Sie wiegen sich sanft in der schwachen Strömung.

Plötzlich erblicken wir einen Schwarm kleiner, silbriger Fische, die über dem Seegras schwimmen. Die Grashalme bieten auch vielen anderen Geschöpfen Schutz und Nahrung. Wir tauchen tiefer hinunter, um sie besser sehen zu können. Einige auf unbewachsenem Sand- oder Geröllboden vorkommende Organismen sind leichter zu erkennen.

◄ Seegräser bieten kleinen Fischen Unterschlupf.

▲ Dieser prächtige Seeigel lebt auf dem offenen Meeresgrund, doch er ist durch nadelähnliche Stacheln geschützt.

▼ Ein scheues Seepferdchen ist hier sicher, aber viele werden als Souvenirs oder zu medizinischen Zwecken gefangen.

Mit viel Glück sehen wir vielleicht sogar einen riesigen Dugong (eine Art der Seekühe, ähnlich wie die Manatis), der sich von Seegras ernährt. Doch kleinere dort lebende Tiere, etwa die Seepferdchen, sind nicht weniger faszinierend. Seeigel und Seesterne, Krabben und Meeresschnecken weiden die reichlichen Pflanzenvorräte ab, fressen tierisches Plankton oder durchstöbern den Meeresgrund. Seegraswiesen sind auch aus einem anderen Grund wichtig: Ebenso wie in den Mangrovensümpfen entlang der Küste zementieren die Wurzeln der Pflanzen den sandigen, schlammigen Grund und verhindern, dass er fortgeschwemmt wird.

Wir könnten den ganzen Tag an diesem schönen, stillen Ort verbringen, doch es ist Zeit, zum Boot zurückzuschwimmen und die nächste Etappe der Reise anzutreten.

Ein Korallengarten
im Flachwasser

Nach einem Mittagessen an Bord stechen wir in See. Wenig später verstummt der Motor und Dedi vertäut das Boot an einer Boje. Er erzählt uns etwas über das Tauchgebiet – ein Korallenriff – und über das, was wir sehen werden. Wir blicken hinunter ins Wasser. Es ist so klar, dass wir auf den etwa sechs Meter tiefen Grund sehen können.

Diesmal tauchen wir mit der Druckluftflasche. Die Ausrüstung liegt schwer und unbequem auf uns. Doch kaum sind wir im Wasser, spüren wir das Gewicht gar nicht mehr.

Das flache Riff erstreckt sich vor uns wie ein sanft abfallender, unterseeischer Steingarten, außer dass es sich nicht um Steine, sondern um lebende Korallen handelt. Überall sehen wir große Korallen, einige massiv und klobig, andere buschig und verzweigt oder flach wie eine Tischplatte. Wir folgen Dedi, der direkt über dem Riff schwimmt. Aufgepasst mit den Schwimmflossen! Eine unvorsichtige Bewegung könnte die Korallen beschädigen.

▶ Keine Blumen, sondern Tiere: Jedes dieser Lebewesen ist ein Korallenpolyp mit einem Kalkskelett.

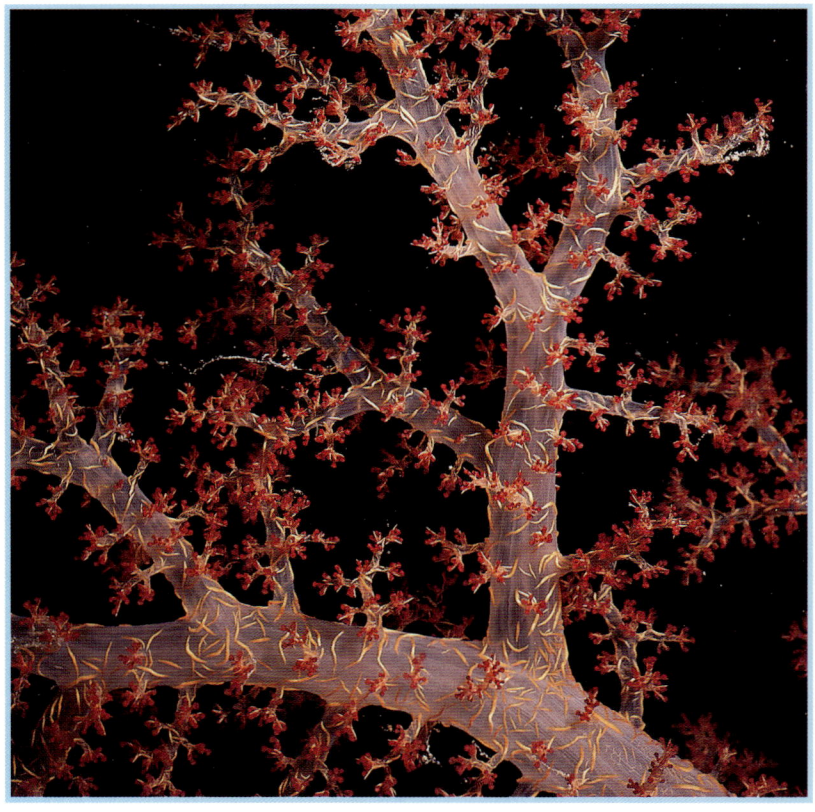

▲ Diese Weichkoralle besitzt anstatt eines inneren Skeletts überall an ihren Zweigen winzige helle, noppenartige Gebilde aus Kalkstein.

Korallenriffe entstehen in warmen, sonnenbeschienenen Gewässern. Sie bestehen aus den Kalkskeletten vieler kleiner Einzeltiere, der so genannten Polypen. Über Jahrtausende hinweg lagern sich winzige »Bausteine« an und bilden schließlich riesige Riffsysteme. Die entstehenden Riffe sind prächtige, unterseeische Gärten, die eine große Vielfalt an Tieren und Pflanzen beherbergen.

Korallen sind Tiere, keine Pflanzen. In ihren Körpern befinden sich kleine, einzellige Pflanzen, die dazu beitragen, dass die Korallen ausreichend Kalkstein für die Riffbildung produzieren können. Wir sehen Korallen in allen erdenklichen Formen und Farben. Steinkorallen sind hart, aber spröde. Andere, die keine Riffe bilden, sind weich, lederartig oder sie besitzen Hornskelette.

Leben am Riff

▲ Diese kleinen Fische fressen sich am Plankton satt – um dann von einem größeren Fisch verspeist zu werden.

Im Korallenriff wimmelt es von winzigen Fischen. Sobald ein größerer Fisch oder ein Taucher ihnen zu nahe kommt, suchen sie blitzartig Schutz zwischen den Zweigen. Andere Fische ergreifen die Flucht, noch bevor wir überhaupt einen Blick auf sie werfen können. Wir erinnern uns an Dedis Ratschlag: Langsam schwimmen und keine plötzlichen Bewegungen machen, dann sind die Fische weniger nervös. Es funktioniert tatsächlich!

► Ein Korallenbarsch liegt auf der Lauer, bereit, sich auf die nächstbeste vorbeischwimmende Beute zu stürzen.

Ein wunderschöner Fisch schwimmt an einer Korallenkolonie entlang und wir bewundern seine leuchtenden Farben. Die Punkte sehen aus wie aufgemalt! Jetzt erblickt Dedi in der Nähe etwas Faszinierendes.
Ein bizarres Geschöpf mit einem langen, schmalen Körper lugt mit geöffnetem Maul aus einer Felsspalte heraus. Eine blaue Schlange? Nein, eine Muräne. Sie sieht aus, als würde sie im nächsten Moment zuschnappen, doch dieser aalartige Fisch schluckt nur Wasser, um Sauerstoff herauszufiltern.

Es gibt hier so viel zu sehen! Fische und andere Organismen in allen erdenklichen Formen, Farben und Größen gedeihen im Flachwasser, wo es warm und hell ist und wo es reichlich Nahrung gibt. Das Korallenriff ist ein Ökosystem – eine Gemeinschaft von Tieren und Pflanzen, deren Leben eng miteinander verknüpft ist.

Das Riff bietet etliche Verstecke und der Bedarf danach ist groß. Das Leben im offenen Meer ist gefährlich. Die See ist ein Jagdrevier, und oft entscheidet die Größe eines Organismus darüber, was er fressen kann und von wem er gefressen wird! Aber nicht immer. Einige große Fische ernähren sich von mikroskopisch kleinem, im Wasser frei schwebendem Plankton und sogar meterlange Papageifische weiden winzige Seegräser ab.

Wir gleiten von einem Abschnitt des Korallenriffs zum nächsten und halten immer wieder inne, um die Korallen aus nächster Nähe zu betrachten. Es schockiert uns, als ein kleiner Fisch von einem größeren geschnappt wird. Die Beutejagd findet überall um uns herum statt. Jetzt kommen wir an eine Biegung im Korallenriff. Was verbirgt sich wohl dahinter?

► Die mit einer blattartigen Nase ausgestattete Geistermuräne spürt, wenn sich Beute nähert. Ihre Nasenlöcher nehmen Vibrationen im Wasser wahr.

◄ Der Einsiedlerkrebs hat gestielte Augen, die ständig Ausschau halten. Er streckt seine Scheren aus, um Leckerbissen aufzustöbern.

Überleben
im Riff

Nach der Biegung erblicken wir einen Schwarm von Fischen, der sich aus dem Schutz der Korallen herauswagt. Als wir an den Fischen vorbeikommen, flüchten sie, aber nicht weit, und schon bald sammeln sie sich wieder an ihrem Lieblingsplatz. Es ist wie ein Ballett! Die Fische bilden eine Einheit; alle schwimmen in dieselbe Richtung und halten genau denselben Abstand zueinander.

Man könnte den Schwarm fast für einen großen Fisch halten. Und genau das tut auch ein Beutejäger: Er schwimmt am Schwarm vorbei, ohne sich auch nur einen kleinen Fisch herauszupicken.

Alles scheint so friedlich hier, aber für unvorsichtige Lebewesen lauern an jeder Ecke Gefahren. Das Vernünftigste wäre, sich erst gar nicht aus dem Versteck hinauszuwagen. Doch im offenen Meer gibt es mehr Platz sowie einige ideale Nahrungsquellen. Wie können sich Tiere also im offenen Meer aufhalten, ohne ein Risiko einzugehen?

◄ Die Tentakel (oder Kiemen) dieses Röhrenwurms haben ihm die Bezeichnung Weihnachtsbaum-Röhrenwurm eingebracht.

▲ Sobald die Gefahr vorbei ist, schrumpft der Igelfisch wieder zu seiner ursprünglichen Größe und seine Stacheln liegen flach am Körper an.

Die Meeresorganismen haben dieses Problem auf raffinierte Weise gelöst. Ein Igelfisch schluckt bei drohender Gefahr Wasser und bläht sich zu einer stachligen Kugel auf.

Venusmuscheln sind durch harte Schalen geschützt, doch zur Nahrungsaufnahme und zum Atmen müssen sie sich öffnen. Einige Würmer leben in Röhren und nur ihre feder-artigen Tentakel sind zu sehen. Sowohl die Venusmuschel als auch der Wurm spüren unser Herannahen und ergreifen die Flucht. Die Schalen der Venusmuschel klappen zu und der Wurm zieht seine Ten-takel in die Röhre zurück. An-dere Tiere stechen. Dedi er-mahnt uns, nichts anzufassen.

Die Zeit ist rasch vergan-gen. Diesen Teil des Riffs können wir uns wohl erst morgen ansehen.

◄ Die Schale einer Riesenvenus-muschel klappt auf, so dass die weichen Fleischfalten des lebenden Tiers zu sehen sind.

▲ Zwanzig Augenpaare, aber nur ein einziger Schwarm. Diese kleinen Kaiserfische schützen sich, indem sie dicht beieinander bleiben.

Eine Welt der
Farben

Wir sind schon früh wach und können es kaum erwarten aufzubrechen. Diesmal fahren wir mit dem Boot ein Stück weiter am Riff entlang. Wir springen ins Wasser und tauchen zum flachen Meeresgrund hinab. Dedi hält inne, um eine Stelle mit Korallentrümmern in Augenschein zu nehmen. Da! Schon hat er ein Bruchstück gefunden. Und noch eins. Hie und da leuchten kleine Farbflecken auf. Können das Seewalzen sein? Sie leuchten so wunderbar!

Es ist eine ideale Stelle, um nach farbenprächtigen Geschöpfen Ausschau zu halten. Aber warum sind sie überhaupt so farbig? Nun, zum einen können sich Tiere derselben Art dadurch gegenseitig erkennen. Aber was ist, wenn sie von Räubern entdeckt werden? Durch auffällige Farben und Muster können sich Tiere auch vor Feinden schützen. Augenähnliche Flecken verwirren Feinde, andere Merkmale signalisieren den potenziellen Übeltätern, sich zurückzuziehen. Grelle Farben dienen der Abschreckung.

▲ Die leuchtenden Farben der Seewalzen sind von auffallender Schönheit.

▶ Komm mir nicht zu nahe! Mit dieser beeindruckenden Warntracht schreckt der Rotfeuerfisch Feinde ab.

▲ Durch die schwarzgelbe Musterung warnt diese Seewalze vor den giftigen Substanzen in ihrer Haut.

▶ Die klebrigen Tentakel der roten Feilenmuschel lösen sich bei der Berührung mit Feinden ab und das Tier schwimmt davon.

Hunderte verschiedener Seewalzen bevölkern den Ozean, jede mit ihrem eigenen Muster. Sie erinnern an einen Haufen hübsch verpackter Süßigkeiten. Doch viele Seewalzen sind giftig. Ein Fisch, der mit den ungenießbaren Substanzen auf der Haut der Seewalze Bekanntschaft gemacht hat, wird diese und ähnlich aussehende Geschöpfe in Zukunft meiden. Die meisten kleinen Weichtiere haben im Gegensatz zu den Seewalzen Schalen. Schnecken besitzen eine einzige Schale, Venusmuscheln und ihre Verwandten zwei gelenkartig miteinander verbundene Schalenhälften. Es ist Zeit weiterzuschwimmen. Direkt vor uns breitet ein Rotfeuerfisch seine gemusterten Flossen aus. Mit dieser Warntracht schreckt er Feinde ab und mit den langen Stacheln sondert er giftige Substanzen ab.

◀ Wegen ihrer auffälligen federartigen Kiemen werden die Seewalzen auch Nudibranchier (Nacktkiemer) genannt.

Kraken
und Tintenfische

Ein kleiner Krake bewegt sich über den Sandboden, auf der Suche nach einem Unterschlupf. Er findet ein paar leere Muschelschalen. Das reicht aus! Kraken verbergen sich den Großteil des Tages in Löchern und sparen ihre Energie für die nächtliche Jagd nach Krabben und kleinen Fischen auf. Doch gelegentlich sieht man sie von einem Versteck zum nächsten wandern.

Ein Kopf streckt sich aus einer Höhle – noch ein Krake. Er blickt sich um. Die Luft ist rein, also kommt er heraus, und seine acht Fangarme gleiten über den Meeresboden. Kraken haben weiche, dehnbare Körper und können sich durch die engsten Spalten zwängen. Außerdem sind sie klug: Kraken in Gefangenschaft haben sogar gelernt, Deckel von Behältern zu heben, um an Nahrung zu gelangen.

▲ Sind diese Schalen groß genug? Der Krake wird sie fester zuziehen müssen, wenn er unentdeckt bleiben will.

Dedi führt uns weiter am Riff entlang zu einer Stelle, an der er kürzlich zwei Tintenfische gesichtet hat. Sie sind immer noch dort und bereiten sich auf die Paarung vor. Als wir näher heranschwimmen, werden sie misstrauisch und einer von ihnen streckt zwei Fangarme von sich, wie Hörner. Jetzt zaubern die Tintenfische irisierende Farbreflexe auf ihren Körper. Fantastisch!

▲ Dieser farbenprächtige Tintenfisch sieht fast aus wie eine große Seewalze.

Tintenfische besitzen überall auf ihrer Haut Pigmentzellen, die wie Farbtupfer aussehen. Diese können so schnell größer oder kleiner werden, dass diese Veränderung wie ein fortwährender Farbwechsel aussieht. Die Haut der Tintenfische kann auch stachlig oder glatt werden. Außerdem können sie mit ihren Armen bestimmte Haltungen einnehmen. Die Kombination all dieser Tricks ergibt eine fantastische Vorführung. Doch es ist mehr als nur eine Vorführung: Die Tiere senden dadurch Signale aus. Wissenschaftler konnten einen Teil ihrer Sprache deuten.
Die Aussage unserer Tinten-

fische scheint klar zu sein: »Verschwindet!« Wenn das nicht ausreicht, können diese Tiere Räubern ein Schnippchen schlagen, indem sie eine Tintenwolke ausstoßen und durch eine Art Düsenantrieb fliehen. Ein »Mimic Octopus« entkommt Feinden, indem er das Aussehen verschiedener, nicht essbarer Lebewesen annimmt. Kaum zu glauben, dass diese, intelligenten Tiere mit Schnecken verwandt sind.

◄ Tintenfische, Kraken und Kalmare gelten als die intelligentesten aller wirbellosen Tiere.

◄ Stört man diesen Kraken, dann tarnt er sich wahrscheinlich als Meeresschnecke, Stachelrochen, Rotfeuerfisch oder Flunder.

Raffinierte Tarnung

Ein Korallenriff birgt viele Überraschungen. Die farbenprächtigen Organismen fallen einem sofort auf, doch Dedis scharfe Augen entdecken noch mehr. Er zeigt auf etwas. Ein Stein? Nein, bei näherer Betrachtung entpuppt sich das Ding als Skorpionfisch, der regungslos auf dem Meeresgrund liegt. Wegen seiner klobigen Form und seiner knorrigen, gesprenkelten Haut hielten wir es für ein Korallenbruchstück!

Worauf zeigt Dedi? Auf einen Schwamm? Nein, es ist ein Froschfisch. Er lockt seine Beute an, indem er eine »Angel« schwenkt, einen mit einem Fleischköder ausgestatteten Stachel. Plötzlich klettert eine Dekorier-Spinnenkrabbe an uns vorbei. Sie ist überall mit Grasbüscheln und kleinen Schwammstücken bedeckt.

▲ Wie ein übel schmeckender Schwamm auszusehen, ist eine gute Strategie für einen Froschfisch, der in Ruhe gelassen werden will.

▶ Federartige Wedel und Hautlappen gehören zur Tarnung des Skorpionfisches.

▲ Funktioniert meine Tarnung? Am besten für einen hungrigen Skorpionfisch ist es, reglos wie ein Stein zu verharren.

Langsame Tiere können Räubern nicht so leicht entkommen. Deshalb besteht ihr wirksamster Schutz darin, gar nicht erst gesehen zu werden. Durch Tarnung verschmelzen manche Tiere optisch mit ihrer Umgebung. Auch Angreifer können sich tarnen. Ein Skorpionfisch wartet beispielsweise einfach ab, bis die nächstbeste Beute vorbeischwimmt. Dann reißt er das Maul auf und schnappt sich ein kleines Tier.

◀ Ein Krokodilfisch schaut unter einem Augenlid hervor, das wie ein mit Quasten versehener Vorhang aussieht, und beobachtet verstohlen seine Nachbarn.

Anemonenfische werden auch Clownfische genannt, und wenn man sich ihre großen, nach unten gezogenen Mäuler, ihre »Neonfarben« und ihre »spielerischen« Tricks anschaut, versteht man, warum. Mit einem raschen Flossenschlag verschwinden sie zwischen den Tentakeln und tauchen unerwartet woanders wieder auf. Sie bieten einen lustigen Anblick, doch bei diesem Versteckspiel geht es um Leben und Tod – wenn ein Räuber sie beobachtet. Die Tentakel der Anemonen bieten einen idealen Unterschlupf. Die Nesselzellen auf den Tentakeln dienen der Abwehr von Feinden, doch die Anemonenfische bleiben verschont. Sie sind durch eine Schleimschicht geschützt.

◄ Wer diese Seeanemone berührt, riskiert nicht nur einen Stich der Tentakel, sondern auch einen Biss des mutigen kleinen Fisches.

▼ Durch ein paar Farbtupfer ist der glasartige Körper dieser Anemonengarnele gerade noch zu erkennen.

Das Zusammenleben

Dedi führt uns durch eine Unterwasserkolonie von Seeanemonen. Die größeren, zwischen den Korallen lebenden Exemplare sind dick und samtartig, wie mit Tentakeln verzierte Kissen. Kleinere sprießen im Sand wie Blumen in einer Wüste. Und das Beste daran: Leuchtend bunte Fische schießen pfeilartig zwischen den Tentakeln umher.

▲ Diese Porzellankrabbe geht auf Nummer sicher. Sie kann jederzeit zwischen den Fleischfalten der Seeanemone Schutz suchen.

Ein Paar kleiner Scheren ragt winkend aus den Tentakeln heraus. Zwei winzige Porzellankrabben haben hier ebenfalls eine Heimat gefunden. Wir entdecken auch einige Garnelen. Sie sind so klein und durchscheinend, dass wir sie fast übersehen hätten. Das Zusammenleben, Symbiose genannt, ist für viele Organismen von Vorteil und führt zu ungewöhnlichen Partnerschaften. Garnelen leben mit allen möglichen Tieren zusammen: Seeanemonen und Korallen, Seeigel und Seesterne sind nur einige davon. Sie teilen sich sogar

mit Meergrundeln eine Höhle. Ein Fisch sperrt das Maul auf, als eine Garnele vor ihm herumschwirrt. Es ist eine Putzergarnele: Sie entfernt Parasiten und abgestorbene Haut von Fischen. Dedi nimmt das Mundstück seines Atemgeräts ab. Eine Garnele krabbelt auf seine Lippen und reinigt ihm die Zähne! Garnelen sind nicht die einzigen Putzer. In der Nähe reinigt ein kleiner Lippfisch, einen größeren Fisch.

▶ Ein Zackenbarsch lässt sich von einer Garnele reinigen, ohne dieser Schaden zuzufügen.

Verborgene *Geschöpfe*

Wer über einem Korallenriff schwimmt und einfach nur die schöne Unterwasserlandschaft genießt, übersieht möglicherweise eine Vielzahl winziger Tiere in allen Formen und Farben. Dedi sagt, wir müssen uns viel langsamer bewegen, um sie wahrzunehmen. Wir müssen lernen, unseren Auftrieb so gut zu kontrollieren, dass wir ganz nahe an die Korallen heranschwimmen und in unserer Position verharren können, ohne die Tiere zu streifen.

▶ Bei dieser Weichkoralle ist es schwer zu sagen, wo die Koralle endet und die Krabbe beginnt.

Wer sich sorgfältig umschaut, wird reichlich dafür belohnt! Winzige Organismen verbergen sich an den unerwartetsten Stellen. Wir betrachten eine Seegurke, die sich über den Meeresboden wälzt und eher wie eine riesige Raupe als wie ein Seestern, ihr eigentlicher Verwandter, aussieht. Über ihren plumpen Körper krabbeln ein paar winzige Krabben und Garnelen, die eine Symbiose mit ihr bilden.

Der Federstern, auch ein Verwandter der Seesterne, beherbergt in seinen federartigen Armen andere Garnelenarten. Sie halten sich dort gut versteckt.

▶ Eine Weichkoralle kann dutzende winziger Krabben beherbergen, was man aus dieser Entfernung gar nicht erkennen kann.

▲ Diese Garnele hat eine ideale Heimat gefunden: den biegsamen Stamm der Schwarzen Koralle.

Überall im Riff gibt es Symbiosen zwischen Organismen. Korallen und andere »große« Partner bieten ihren kleinen Partnern Schutz und Unterschlupf. Aber auch kleine Lebewesen schnappen sich Nahrungsreste der größeren Tiere und knabbern manchmal an den Tieren herum. Einige bieten dafür keine Gegenleistung an. Andere dienen ihren großen Partnern, indem sie die Parasiten fressen. Kleine Bewohner von solchen großen Organismen scheinen oft mit ihren Symbiosepartnern regelrecht verwachsen zu sein. Die Weichkorallenkrabbe etwa ist durch ihre Stacheln und ihre Farbe auf dem Zweig einer Weichkoralle perfekt getarnt.

◄ Eine Imperator-Garnele lässt sich auf der Haut ihres Symbiosepartners, einer Seegurke, treiben.

Auf der Suche nach dem
Seepferdchen

Obwohl Dedi täglich an diesen Riffen taucht, entdeckt er immer wieder etwas Neues. Kürzlich hat er eine Stelle ausfindig gemacht, an der einige seltene Organismen beheimatet sind, und genau dorthin führt er uns heute. Er taucht langsam an einem abfallenden Riff hinunter, tiefer, als wir je zuvor waren.

▶ Die noppenartigen Auswüchse auf dem Körper des Zwergseepferdchens sehen genauso aus wie die Polypen auf den Zweigen einer Fächerkoralle.

▼ Ein Federstern schwebt im offenen Meer. Mit seinen Armen filtert er winzige Planktonorganismen aus dem Wasser.

Hier ist es trüb, doch schon bald haben sich unsere Augen daran gewöhnt. Große Fächerkorallen ragen vom Meeresboden auf. Mit ihren feinen Zweigen filtern sie winzige Nahrungspartikel aus der Wasserströmung. Dedi richtet seine Taschenlampe auf sie und plötzlich leuchten ihre prächtigen Farben vor unseren Augen auf. Wir können uns nur wenige Minuten in dieser Tiefe aufhalten, ansonsten würden wir die Dekompressionskrankheit bekommen. Dedi zeigt auf etwas, aber wir können nicht erkennen, was es ist.

▲ Fächerkorallen besitzen
ein Hornskelett unter ihrem
lebenden Gewebe.

◄ Die Eier eines Geister-
pfeifenfisches glänzen
wie winzige Perlen
zwischen den
Bauchflossen
des Weibchens.

Wir schwimmen ein ganzes Stück näher heran.
Dedi gibt uns ein Vergrößerungsglas. Und da
sehen wir es endlich! Ein Zwergseepferdchen,
kaum länger als ein Fingernagel. Es sieht einem
winzigen Korallenzweig zum Verwechseln ähnlich. Das Seepferdchen bewegt den Kopf, doch
der gekrümmte Schwanz bleibt um die Koralle
geschlungen. Dedi macht bei einer anderen
Fächerkoralle Halt. Hier gibt es keine Zwergseepferdchen, aber dafür etwas genauso Auf-
regendes: ein Paar Geisterpfeifenfische,

Verwandte der Seepferd-
chen und Seenadeln. Seepferdchen und Seenadeln weisen eine große
Ähnlichkeit auf. Die Sprösslinge der Seepferdchen schlüpfen aus Eiern, die der Vater in einer Bauchtasche trägt. Auch bei den Echten
Seenadeln kümmert sich das Männchen um
den Nachwuchs. Bei den Geisterpfeifenfischen
hütet das Weibchen die Brut in einer aus den
Bauchflossen gebildeten Tasche.

31

Ein nächtlicher Tauchausflug

Nach einem ereignisreichen Tag am Riff starten wir zu einem Nachttauchgang! Wir sind sehr gespannt, aber auch ein wenig nervös, weil wir das erste Mal in der Dunkelheit tauchen. Deshalb sind wir erleichtert, als Dedi erklärt, dass wir bei Sonnenuntergang aufbrechen werden. Wir werden Zeugen eines atemberaubenden Schauspiels sein, das nur zu dieser Zeit stattfindet: die Paarung der Mandarinfische. Die untergehende Sonne wirft noch immer reichlich Licht auf die

▲ Eine Steinkoralle streckt nachts ihre Tentakel aus, um Nahrung aufzunehmen.

◀ Auf Tuchfühlung: Zwei Mandarinfische kurz vor der Paarung.

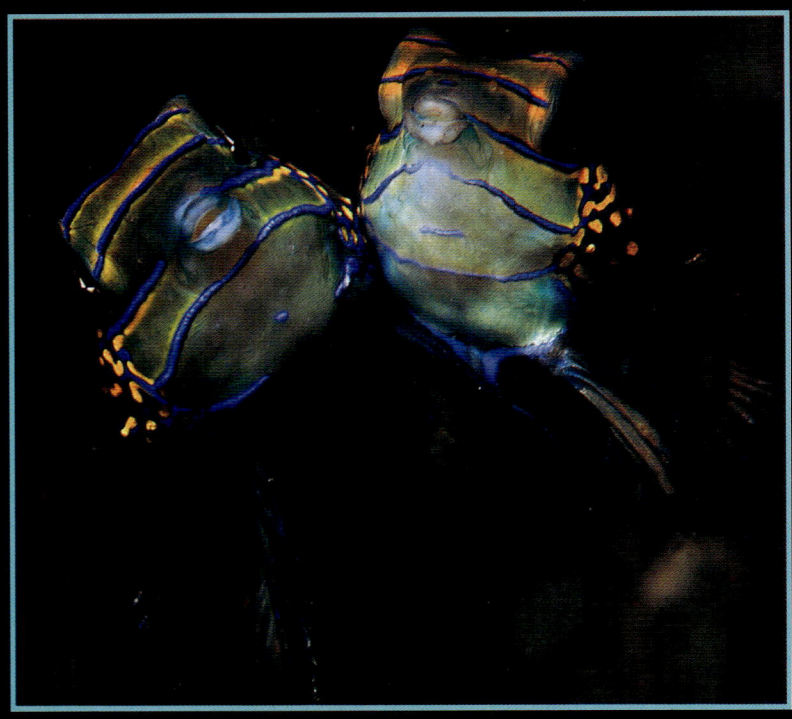

Wasseroberfläche. Doch unter der Oberfläche wird es schon düster.

Als wir bei einer Korallenkolonie Position beziehen, müssen wir die Taschenlampen einschalten. Als die Strahlen über die Korallen hinwegstreichen, geschieht etwas Verblüffendes: Ein kleiner, leuchtend bunter Fisch schlängelt sich heraus und stößt fast mit einem anderen zusammen.

Die beiden Mandarinfische haben ihr Werbungsritual begonnen!
Die Fische schwimmen eng aneinander geschmiegt. Sie schlagen mit den Flossen und steigen langsam zusammen auf. Sie vollführen einen beeindruckenden Paarungstanz, doch plötzlich ist der Bann gebrochen. Die Fische trennen sich und verschwinden wieder zwischen den Korallen. Die Paarung ist vollzogen. Immer wieder steigen neue Fischpaare auf und wiederholen dasselbe Ritual.

Während wir über das Riff schwimmen, sind wir von Finsternis umgeben, abgesehen von den Lichtkegeln unserer Taschenlampen. Schattenhafte Umrisse von Korallenstöcken zeichnen

▲ Obwohl Knurrhähne einen festen Knochenpanzer besitzen, sind sie oft sehr scheu. Nachts aber kommt man gut an sie heran.

sich ab und leuchtende Farbflecken tauchen ganz unvermittelt vor uns auf.
Auch andere Meerestiere sind jetzt auf Nahrungssuche. Krabben und Hummer kommen aus ihren Verstecken. Garnelen tänzeln in Felsspalten. Nachtaktive Fische sind auf Beutejagd, während andere in den Korallen oder im Sand schlafen.

Während wir zur Küste zurück fahren, betrachten wir das tintenschwarze Wasser. Kleine Lichter glitzern an der Oberfläche. Dedi erklärt, dass winzige Planktonorganismen dieses funkelnde nächtliche Licht (Biolumineszenz) erzeugen. Nachts schweben sie aus den tieferen Bereichen des Meeres nach oben. Erschöpft, aber überwältigt von den vielen Eindrücken wanken wir an Land.

◄ Ist das eine Kreuzung zwischen einer Bohrassel und einem Bagger? Nein, ein Bärenkrebs mit einem Paar schaufelähnlicher Platten.

Tauchen im Schlamm

Am nächsten Morgen wollen wir zum letzten Mal von dieser Insel aus in die Tiefe steigen. Dedi verspricht uns ein sehr ungewöhnliches Erlebnis. Wir tauchen hinunter, und der Meeresboden ist nur undeutlich zu erkennen. Er sieht ziemlich öde aus – nur Schlamm, Kies und schwarzer Sand. Nach all unseren schönen Ausflügen zu den Korallenriffen sind wir zunächst enttäuscht. Hat Dedi vielleicht einen Fehler gemacht?

▶ Ein Schlangenaal gräbt sich mit seiner harten, dornenartigen Schwanzspitze in den Sandboden ein.

▲ Plattfische haben beide Augen auf derselben Seite ihres Kopfes, in diesem Fall auf der linken Seite – eine »Linksflunder«.

Doch schon hat er etwas entdeckt und winkt uns zu sich hinüber. Ein Nagelrochen! Dieses bizarre Geschöpf gleitet auf »Fingerspitzen« (in Wirklichkeit Teile der Flossen) über den Sand. Aufgepasst, da ist noch einer. Fast hätten wir seine giftigen Stacheln berührt! Noch nie haben wir so etwas Seltsames wie diese Tiere gesehen. Manche sind durch moosartige Hautauswüchse so gut getarnt, dass wir sie ohne Dedi niemals entdeckt hätten. Da und dort tauchen die Köpfe kleiner Organismen aus dem Sand auf. Wenn wir ihnen zu nahe kommen, ziehen sie sich sofort wieder zurück.

Ein großer Stachelrochen wirbelt mit seinem Körper Schlamm auf. Als das Wasser wieder klar wird, ist das Tier verschwunden. Nur seine Augen lugen aus dem Schlamm heraus. Wir wagen es nicht, ein Lebewesen lange zu betrachten, aus Angst, das nächste zu übersehen. Diesen Tauchgang werden wir nie vergessen. Wir fahren zurück. Andere Inseln und neue Tauchplätze stehen auf dem Programm. Eine winzige Kajüte wird uns einige Nächte lang als Schlafstätte dienen. Oder wir schlafen an Deck.

▶ Der Nagelrochen ist kein großer Schwimmer. Lieber gleitet er auf seinen Flossen über den Meeresboden.

Das Reich der Tiefe

Wir stehen an Deck und blicken zur Küste zurück. Unsere Insel wird immer kleiner, bis wir sie nicht mehr erkennen können und wir nur noch von offenem Meer umgeben sind. Aber plötzlich taucht am Horizont ein winziger Punkt auf. Er wird immer größer und wir erblicken eine Reihe von Bäumen oberhalb eines weißen Strandes. Dedi ruft uns zu, wir sollen uns bereitmachen – dieses winzige Eiland ist ein idealer Tauchplatz.

▼ Wir schwimmen die Riffwand hinab, die von farbenprächtigen Tieren bevölkert ist.

Wir schwimmen eine kurze Strecke über ein flaches Riff. Zunächst kommt uns alles bekannt vor. Aber was ist das? Ein Felsrand? Wir befinden uns an einem Abgrund, an einer steilen Wand. Wir schwimmen ein Stück weit hinaus, schauen hinunter und halten den Atem an. Werden wir fallen? Weit unter uns gleiten Fische im immer dunkler werdenden Blau durchs Wasser. Unser Blick folgt ihnen in die Tiefe, doch das Wasser trägt uns.

Direkt vor der Riffkante schwimmen Schwarmfische in der Wasserströmung. Es sind aktive Raubfische, die nach Beute suchen. Sie können sehr schnell schwimmen. Ihre stromlinienförmigen Körper werden von kräftigen, gegabelten Schwanzflossen angetrieben.

Als wir langsam an der steil abfallenden Riffwand hinabschwimmen, sinken wir abwärts und müssen Luft in die Taucherweste lassen. Gerade so viel, dass wir weder sinken noch aufsteigen.

◄ Zitronenjungferchen sind häufig außen an Riffwänden zu finden.

Weiter unten wird das Licht schwächer und alles schimmert bläulich. Wasser saugt Licht auf, zunächst wird der Rotanteil des Farbspektrums ausgefiltert. Leuchtet man jedoch Dinge an, werden die Farben wieder sichtbar. Dedis Taschenlampe bringt erstaunliche Farben an der Riffkante zum Vorschein, gelbe und rote Farbtupfer von Schwämmen und Seescheiden.

Dedi überwacht sorgfältig die Tauchzeit. Bleibt man zu lange in der Tiefe, riskiert man, die Dekompressionskrankheit zu bekommen. Er hebt den Daumen, das Signal zum Aufstieg.

▲ Die als Schwarm auftretenden Pferdemakrelen sind Raubfische. Sie sind wie geschaffen für die Beutejagd im offenen Meer.

▶ Seescheiden sitzen am Riff fest. Sie saugen durch eines ihrer Löcher Wasser in ihren Körper und lassen es durch das andere wieder hinausströmen.

Ein vorbeigleitender Schatten

Eine schwache Strömung trägt uns die Riffkante entlang. Es kommt uns vor, als würden wir fliegen. Plötzlich wirbelt Dedi herum und zeigt auf einen in der Nähe vorbeigleitenden Schatten. Es ist der dunkle, torpedoförmige Körper eines Haies. Glücklicherweise hat er kein Interesse an uns und rauscht vorbei – ein atemberaubender Moment!

▲ Der Walhai ist der größte Fisch der Welt, ein sanfter Riese, der sich ernährt, indem er tierisches Plankton aus dem Wasser filtert.

Wir blicken dem davonschießenden Hai hinterher und bewundern seine Kraft und Geschmeidigkeit. Haie sind exzellente Schwimmer. Sie haben stromlinienförmige Körper und kräftige, gegabelte Schwanzflossen wie die Pferdemakrelen, an denen wir soeben vorbeigeschwommen sind. Aber ansonsten sind sie ganz anders. Die Skelette der Haie bestehen aus Knorpel statt aus Knochen. Knorpel ist leichter und elastischer und erleichtert das Schwimmen im offenen Meer. Die meisten anderen Fische besitzen Schwimmblasen, das sind gasgefüllte Hohlräume.

▼ Ein Grauer Riffhai
dreht an der Riffwand
seine Runden.

Viele Haie haben dagegen eine ölgefüllte
Leber, die für den Auftrieb sorgt.

Nicht alle Haie sind schnelle Schwimmer.
Einige leben auf dem Meeresgrund, doch die
meisten aktiven Haie sind vorzügliche Beutejäger. Sie verfügen über außergewöhnliche
Sinnesorgane, mit denen sie ihre Beute auf-
spüren können. Mit ihrem ausgezeichneten
Geruchssinn können Haie in über einer Mil-
lion Wassertropfen einen Tropfen Blut regis-
trieren. Ebenso wie andere Fische nehmen
auch Haie Vibrationen im Wasser wahr.
Räuberische Haie reagieren besonders
schnell auf ruckartige Bewegungen.
Und sie nehmen winzige elektrische
Impulse wahr, die durch die Bewegung von Tieren erzeugt werden. Die
größten Haie jagen Meeresschildkröten und
Tümmler, doch nur ganz wenige werden dem
Menschen gefährlich. Unser Luftvorrat geht
langsam zur Neige! Wir haben vor lauter
Aufregung sehr stark geatmet.

◄ Hammerhaie haben eine
außergewöhnliche Kopfform.
Ihre Augen befinden sich weit
auseinander an den Enden des
hammerartig verbreiterten Kopfes.

Riesenmantas

Die winzige Insel liegt weit hinter uns und unser Boot nähert sich der nächsten Insel. Hier gibt es Riesenmantas. Sie leben meist im offenen Meer, doch manchmal sind sie auch in Korallenriffen anzutreffen. Zur Nahrungssuche und zur Fortpflanzung kommen sie in die Nähe der Insel. Werden wir sie heute zu Gesicht bekommen?

Plötzlich stößt ein Besatzungsmitglied einen Schrei aus. Wir stürzen auf die andere Seite des Decks und sehen einen dunklen, rautenförmigen Schatten, der auf der Wasseroberfläche sanfte Wellen erzeugt, bevor er in der Tiefe verschwindet. Unser erster Manta! Blitzschnell legen wir unsere Ausrüstung an und springen ins Wasser. Das flache Riff um diese Insel weist eine sandige Furche auf, und wir schwimmen ein wenig dort entlang, bis Dedi uns das Signal gibt, innezuhalten. Wir lassen uns vorsichtig auf dem Sand nieder und warten. Angestrengt halten wir Ausschau, um aus der Ferne einen Blick auf einen Manta zu erhaschen. Plötzlich taucht der erste auf, gefolgt von einigen weiteren, die direkt auf uns zuschwimmen. Zehn riesige Rochen nähern sich uns in raschem Tempo.

▶ Ein Riesenmanta kann eine Spannweite von über sechs Meter haben und über tausend Kilo wiegen.

Die Mantas scheinen regelrecht durch das Wasser zu fliegen, mit gemächlichen, anmutigen Bewegungen ihrer großen, ausgebreiteten Flossen, die wie Flügel aussehen. Diese Mantas haben eine Spannweite von gut drei Metern, manche sogar noch mehr. Von oben sehen sie dunkel und stahlgrau aus, von unten weiß.

Wir haben noch nie etwas so Faszinierendes gesehen wie diese Mantas. Sie haben große,

▶ Durch eine dunkle Körperoberseite und eine helle Unterseite ist ein Tier im offenen Meer nicht so leicht zu entdecken.

bizarr aussehende Hautlappen an beiden Seiten des Kopfes. Anders als die meisten Rochen, ernähren sich Riesenmantas von Plankton. Während die Tiere durchs Wasser gleiten, führen ihre hörnerartigen Hautlappen wie ein Trichter die Beute ins Maul.

Wir gehen an Land und werfen einen letzten Blick auf einen Manta, dessen Flossen die Wasseroberfläche durchbrechen.

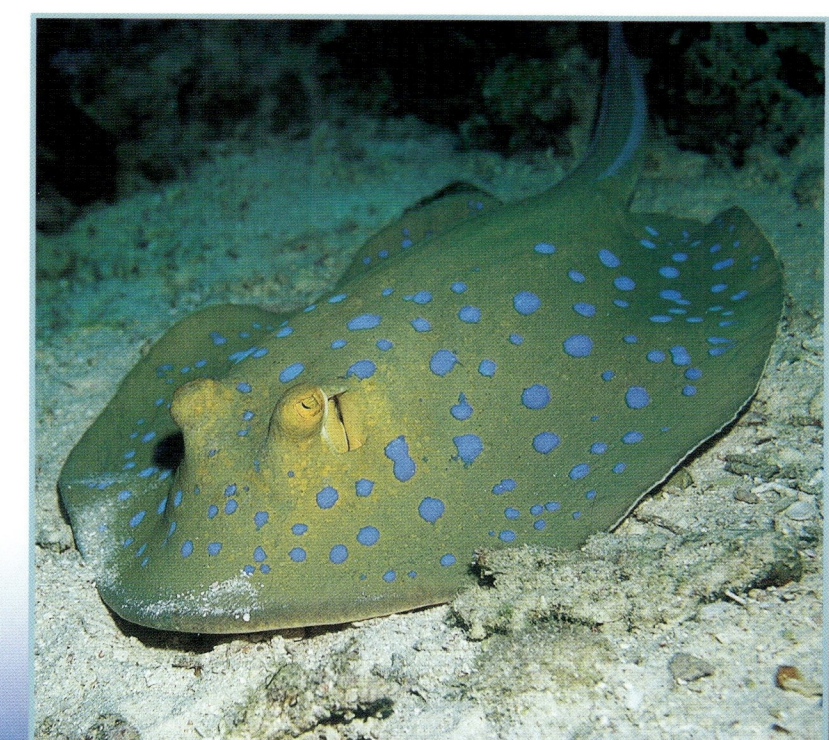

► Auf dem sandigen Grund sind auch andere Rochenarten anzutreffen, etwa der Blauflecken-Stechrochen.

Reptilien
der Meere

Nach dem Mittagessen erkunden wir den Strand, der die dicht bewaldete Insel umgibt. Dedi bleibt vor einigen über den festen Sand verlaufenden Spuren stehen. Meeresschildkröten! Sie kommen nachts zur Eiablage an Land. Doch jetzt ist ein guter Zeitpunkt, um im Meer nach ihnen Ausschau zu halten. Wir legen rasch unsere Tauchausrüstung an.

Nachdem wir gerade mal zehn Minuten getaucht haben, schwimmt eine Schildkröte aus der Riffkrone heraus. Mit ihren großen, paddelartigen Vorderflossen gleitet sie flink durchs Wasser.

▼ Suppenschildkröten sind meist Pflanzenfresser und verzehren Algen und Seegras.

▲ Die Karettschildkröte benutzt ihren schmalen Schnabel, um Krabben zu zerbeißen und Schwämme und Seescheiden von Felsen abzukratzen.

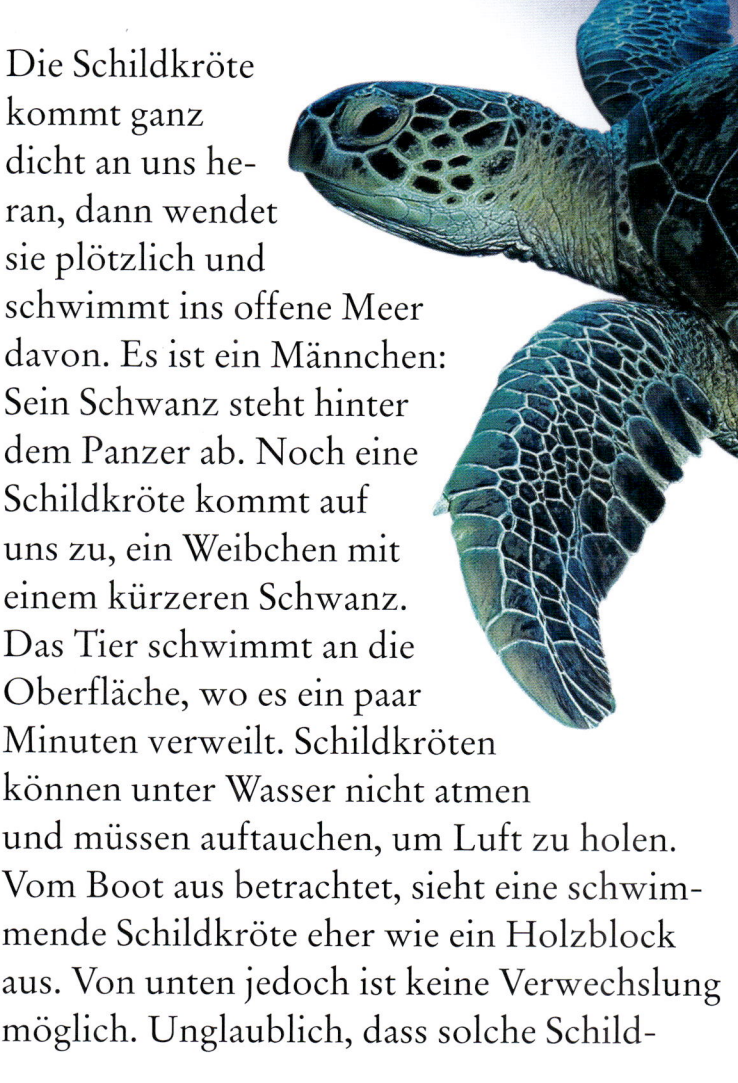

Die Schildkröte kommt ganz dicht an uns heran, dann wendet sie plötzlich und schwimmt ins offene Meer davon. Es ist ein Männchen: Sein Schwanz steht hinter dem Panzer ab. Noch eine Schildkröte kommt auf uns zu, ein Weibchen mit einem kürzeren Schwanz. Das Tier schwimmt an die Oberfläche, wo es ein paar Minuten verweilt. Schildkröten können unter Wasser nicht atmen und müssen auftauchen, um Luft zu holen. Vom Boot aus betrachtet, sieht eine schwimmende Schildkröte eher wie ein Holzblock aus. Von unten jedoch ist keine Verwechslung möglich. Unglaublich, dass solche Schild-

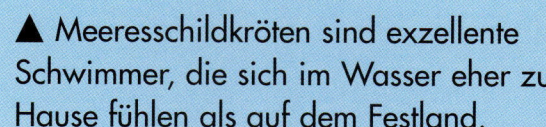

▲ Meeresschildkröten sind exzellente Schwimmer, die sich im Wasser eher zu Hause fühlen als auf dem Festland.

kröten schon seit neunzig Millionen Jahren die Ozeane bevölkern.

Meeresschildkröten verbringen den Großteil ihres Lebens im Meer, doch die Weibchen legen ihre Eier an Land ab. Bevor wir schlafen gehen, machen wir einen Spaziergang am Strand. Plötzlich taucht ein flacher Hügel vor uns auf: Eine große Suppenschildkröte, die langsam den Strand hinaufkriecht. Sie wiegt bestimmt weit über hundert Kilo.

Sie beginnt, mit ihren Beinen ein Loch zu graben, und wirft dabei den Sand hinter sich. Tränen rinnen an ihrem Gesicht herab, doch sie weint nur, um das Salz von ihrem Körper abzuspülen. Sie wird mindestens hundert Eier ablegen, jedes mit einer runden, lederartigen Schale. Nach dem Schlüpfen werden die Jungtiere möglichst rasch ins Meer kriechen.

◄ Das Schildkrötenweibchen legt seine Eier in den Sand und überlässt sie sich selbst. Die Jungtiere schlüpfen allein.

43

Meere in Gefahr

Früh am Morgen schippern wir ans andere Ende der Insel, wo wir unseren letzten Tauchgang unternehmen. Dieses Riff ist genau so schön wie alle anderen, die wir gesehen haben: ein Dickicht aus makellosen Korallen. Nicht ein Zweig ist abgebrochen und es wimmelt dort von Fischen.

Wumm! Die Schockwelle einer fernen Explosion durchdringt die Stille. Fischer werfen Dynamit aufs Riff, um Fische zu fangen. Als wir die Insel umrunden, bietet sich uns ein entsetzlicher Anblick: Der obere Teil des Riffs ist von zerschmetterten Korallen bedeckt. Korallenriffe sind vielen Gefahren ausgesetzt. Die empfindlichen Korallen werden leicht durch

▲ Das Leben in einem kleinen Küstendorf dreht sich um die Fischerei. Die Dorfbewohner sind auf internationale Hilfe angewiesen, um die See zu erhalten.

▼ Ein Korallenriff braucht viele Jahre, um sich von Naturkatastrophen oder Sprengungen zu erholen.

Naturkatastrophen oder Menschen zerstört. Nicht alle Bootsbesatzungen sind so vorsichtig wie unsere. Auch moderne Entwicklungen können Schäden verursachen. Wenn Bauplätze und Industrieanlagen bis an die Küsten vorrücken und Wälder abgeholzt werden, gelangen Schadstoffe und Sedimente ins Meer. Die globale Erwärmung bedeutet eine Gefahr für die Korallen. Schon eine leicht erhöhte Wassertemperatur reicht aus, dass Korallen absterben.

▼ Große Fische wie der Buckelkopflippfisch sind von Überfischung bedroht.

▲ Einige von Aquarianern bevorzugte Fische sind gefährdet. Die seltenen Banggai-Kardinalfische könnten eines Tages aussterben.

Durch Überfischung wird das Leben in den Ozeanen geschädigt. Jahrtausendelang fingen die Küstenbewohner mit einfachen Methoden nur so viele Fische, wie sie brauchten. Dadurch konnten sich die übrigen fortpflanzen und die Bestände bleiben erhalten. Mit heutigen Methoden werden oft so viele Fische gefangen, dass sich die Arten nicht erholen können. Wir müssen mit unseren Meeresressourcen schonender umgehen.

Wir schwimmen zum Boot zurück. Doch bevor wir auftauchen, werfen wir noch einen letzten Blick auf die Unterwasserwelt. Wir fragen uns, ob wir jemals wieder eine solch prächtige Vielfalt an Fischen und Riffen erleben werden.

Worterklärungen

Aasfresser: Tiere, die sich von Tierkadavern oder abgestorbenem Pflanzenmaterial ernähren.

Aquarianer: Jemand, der sich in einem Wasserbehälter Tiere und Pflanzen hält.

Artenvielfalt: Die Gesamtheit der in einem bestimmten Bereich vorkommenden Tier- und Pflanzenarten.

Atemregler (oder Lungenautomat): Der Teil einer Tauchausrüstung, der den Luftdruck steuert und ein Mundstück hat, durch das der Taucher atmet.

Auftrieb: Ein Zustand, in dem man weder aufsteigt noch sinkt.

Auftriebskompensator: Taucherweste, die mit Luft gefüllt oder aus der Luft abgelassen werden kann, um den Auftrieb im Wasser zu regeln.

Beutetier: Tier, das von einem anderen Tier getötet und aufgefressen wird.

Biolumineszenz: Das funkelnde Licht, das von einigen lebenden Tieren und Pflanzen erzeugt wird.

Dekompression: Plötzliche Druckabnahme, bewirkt Sauerstoffmangel.

Fächerkoralle: Fächerförmige Koralle mit einem Hornskelett.

Gifttiere: Tiere, die mit einem Biss oder Stich Gift absondern.

Globale Erwärmung: Eine Zunahme der durchschnittlichen Temperatur auf der Erde, die wiederum einen Klimawandel zur Folge hat.

Kalmar: Schlanker, zehnarmiger Kopffüßer mit chitinartiger Schale und einem Paar dreieckiger Flossen am Hinterende.

Kiemen: Atmungsorgane der Wassertiere.

Knorpel: Zähes, elastisches Skelettmaterial.

Korallen: Den Seeanemonen ähnelnde Meerestiere, jedoch oft mit einem harten Skelett.

Mangroven: An tropischen Küsten in schlammigen Sümpfen wachsende Bäume und Sträucher.

Mollusken: Gruppe wirbelloser Tiere, zu denen Gehäuseschnecken, Venusmuscheln und andere Schalentiere zählen; auch Nacktschnecken, Kraken und Tintenfische gehören dazu.

Nachahmer: Tiere oder Pflanzen, die andere Organismen nachahmen.

Nachttiere: Tiere, die nachts aktiv sind.

Ökosystem: Gemeinschaft von Tieren und Pflanzen, die im selben Gebiet vorkommen und deren Leben miteinander verknüpft ist.

Parasiten: Pflanzen oder Tiere, die sich von anderen lebenden Organismen ernähren.

Pigment: Chemische Substanz, die einem Tier oder einer Pflanze eine typische Färbung verleiht.

Plankton: Im Wasser schwebende Organismen.

Polypen (Korallen): Die lebenden Einzeltiere, die eine Korallenkolonie bilden.

Putzer: Fische oder Garnelen, die von anderen Fischen Parasiten und abgestorbene Haut abfressen und deren Wunden reinigen.

Reptil: Kaltblütiges, Schuppen tragendes Tier, etwa Schildkröte, Schlange, Eidechse oder Krokodil.

Riff: Im Flachwasser aufragender Felsrücken; die Riffe in tropischen Gewässern bestehen häufig aus den Kalkskeletten von Korallen.

Schlammtauchen: Tauchgang auf schlammigem und sandigem Meeresgrund, dort stößt man oft auf eine Menge interessanter Organismen.

Schwimmblase: Gasgefüllter Hohlraum im Körper vieler Fische.

Scuba: Selbststeuerndes Unterwasseratmungsgerät.

Seegras: Auf dem Meeresboden wachsendes Gras.

Seescheiden: Gruppe wirbelloser Tiere, die an Felsen oder anderen unterseeischen Objekten festsitzen und oft eher wie Trauben oder kleine Vasen aussehen.

Seewalzen: Im Meer lebende Weichtiere ohne Gehäuse.

Spektrum: Die Farben, aus denen das Licht besteht; die Spektralfarben werden sichtbar, wenn Licht durch ein Prisma fällt.

Symbiose: Lebensgemeinschaft zweier Organismen, aus der beide Partner Vorteile ziehen.

Tauchzentrum: Eine Einrichtung, die Tauchexkursionen organisiert.

Tentakel: Schlanke, bewegliche Fangarme einiger Tiere; oft dienen sie der Nahrungsaufnahme.

Toxisch: Giftig.

Tropen: Zone der Erde zwischen dem Wendekreis des Krebses und dem Wendekreis des Steinbocks; in den Tropen ist es das ganze Jahr über heiß.

Wirbellose Tiere: Tiere ohne Wirbelsäule.

Register

Danksagung

Alle Fotos stammen von Linda Pitkin außer den folgenden: Tobias Bernhard, Titelseite Mitte, S.39 oben rechts; Javed Jafferji, Oxford Scientific Films, S.43 unten links. Grafik auf S. 6-7 von Sarah Young.

Linda Pitkin möchte sich bei Rose Chorlton fürs Modellstehen bedanken sowie beim Orca Diving Centre, South London, für die Verwendung von Ausrüstung und Einrichtungen, S.4-5. Ebenso möchte sie sich bei ihrem Gatten Brian fürs Durchlesen und Überprüfen des Textes bedanken.

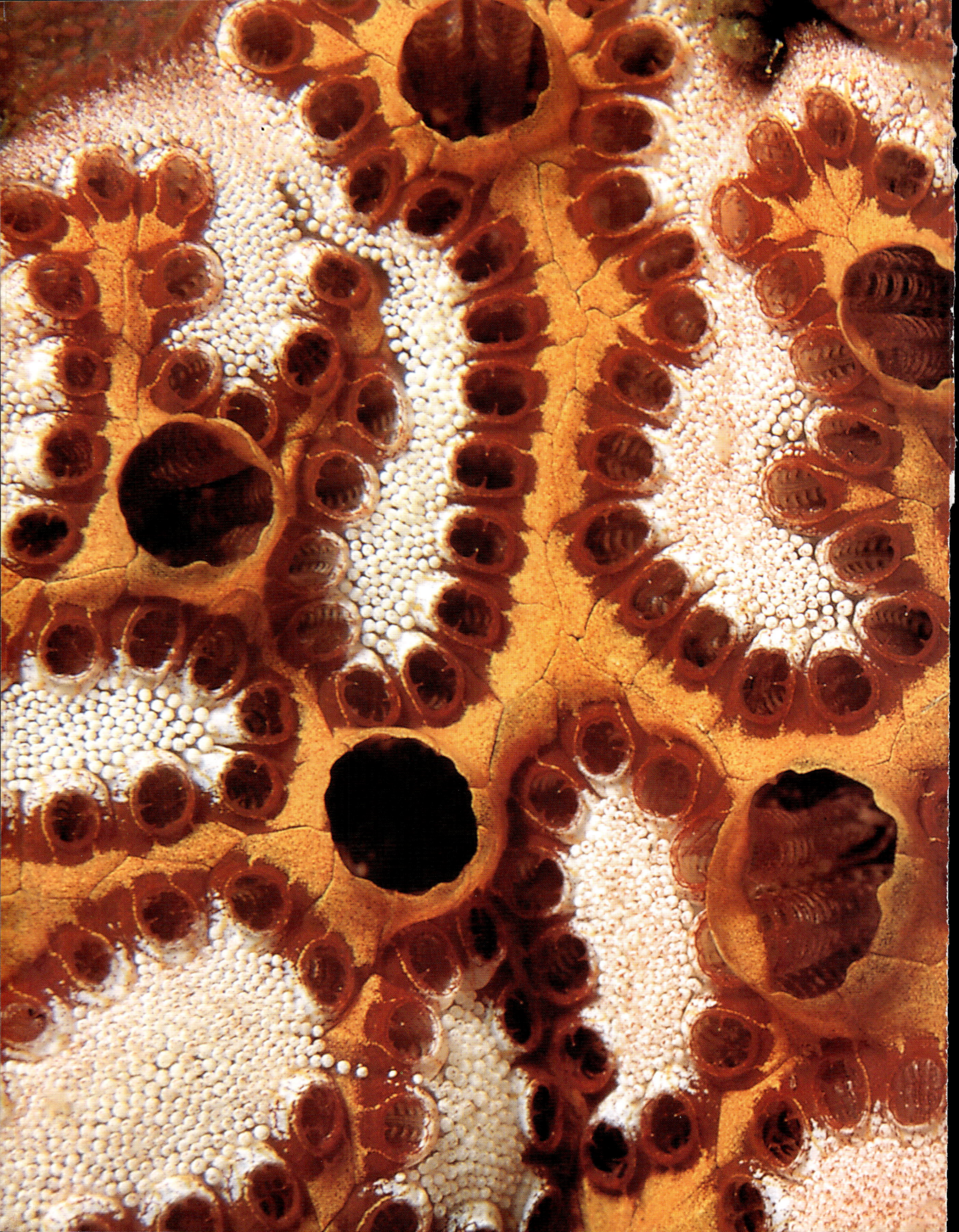